PANÉGYRIQUE

DU

VÉNÉRABLE DE LA SALLE

PRONONCÉ

DANS LA CATHÉDRALE DE ROUEN

Le 2 Juin 1875

PAR

M. L'ABBÉ BESSON

VICAIRE GÉNÉRAL HONORAIRE DE LANGRES,
CHANOINE TITULAIRE DE BESANÇON,
CHANOINE HONORAIRE DE NANCY, SAINT-DIÉ ET VERDUN.

PARIS

IMPRIMERIE DE VICTOR GOUPY

5, RUE GARANCIÈRE, 5

—

1875

INAUGURATION

DU

MONUMENT DU VÉNÉRABLE DE LA SALLE

On lit dans la *Semaine religieuse* de Rouen du vendredi 5 juin 1875 :

La France catholique compte dans ses annales une belle page de plus, une page éloquente et glorieuse entre toutes ; et c'est Rouen, la vieille métropole normande, renommée de tout temps pour sa sapience et sa foi, qui a eu l'insigne honneur de l'écrire. La solennité du mercredi 2 juin marque une date immortelle dans l'histoire de l'Église, de la civilisation et de la Normandie. Elle a dressé sur un piédestal d'honneur et de vénération, aux acclamations du clergé et du peuple, au milieu des chants de louange et de reconnaissance de milliers d'enfants, la statue de ce grand homme de bien, de ce prêtre vénérable, de ce bienfaiteur de l'humanité, qui fut Jean-Baptiste de la Salle. Rien n'a manqué à la magnificence de cet acte de justice et de piété filiale : ni le concours d'une multitude immense, ni les sympathies populaires, ni les accents de la plus haute éloquence, ni la pompe des cérémonies religieuses, ni l'éclat d'un soleil resplendissant. On ne peut raconter de telles scènes, il faudrait les chanter dans le langage supérieur de la poésie.

Rouen, dans cette solennité, n'était plus seulement la cité reine de la Normandie ; c'est au nom de la France, au nom de l'univers chrétien, que notre ville a parlé et agi ; c'est en leur nom qu'elle a béni et glorifié le fondateur des Frères des Écoles chrétiennes, qu'elle a placé, pour les siècles, parmi les héros de la patrie et les grands chrétiens de la civilisation, le digne prêtre qui a consacré sa vie à ces deux grands amours du Rédempteur du monde : la vérité et les petits enfants. Ce n'est pas une ville, ni une contrée, ni un parti qui ont dressé cette statue ; elle a été élevée par les mains des quatre cent mille enfants qui doivent, en ce moment, dans les deux mondes, à l'Institut du Vénérable de la Salle le bienfait de l'instruction. Le père des dix mille religieux qui, sous leur robe de bure et leur rabat blanc, font connaître et bénir jusqu'aux extrémités de la terre le nom français, est devenu une gloire nationale. C'est à ces titres que la solennité du 2 juin a revêtu un caractère grandiose et populaire, qu'elle a été, dans l'ampleur et la beauté du terme, une fête catholique.

Notre antique Métropole, qui a vu se dérouler dans sa vaste enceinte, depuis près de sept cents ans, tant de scènes mémorables, n'avait jamais été remplie d'une foule plus recueillie et plus sympathique que mercredi matin. Toutes les parties de la Basilique sont occupées, bien avant la cérémonie, par la multitude où l'on voit confondus dans une même pensée de vénération et de reconnaissance tous les rangs de la société. Les admirables tapisseries d'Aubusson, qui décorent les piliers et racontent, dans leurs vives couleurs respectées par les siècles et leurs tableaux si savamment combinés, les grandes scènes de la religion, donnent à notre vénérable Cathédrale un air d'allégresse.

Dès neuf heures, le chœur est occupé par le Chapitre, les chanoines honoraires, les doyens, et le nombreux clergé accouru de tous les points du diocèse. La partie réservée aux autorités avait peine à contenir les représentants les plus élevés de la magistrature, de l'armée, de l'administration, de la municipalité, de l'Université, qui avaient tenu à honneur de participer à cette solennité. En tête, on remarque le brave et illustre général Lebrun, commandant le 3ᵉ corps d'armée, le premier président de la Cour d'appel, le procureur général, les présidents de chambre et vingt-deux conseillers en habit de ville, M. le préfet, M. le maire de Rouen, le général de division de Braüer, les généraux de brigade Merle et d'Ornant, les colonels du 12ᵉ chasseurs à cheval, du 24ᵉ et du 28ᵉ de ligne, le commandant du 20ᵉ chasseurs à pied, le président et les vice-présidents du Tribunal civil, l'inspecteur de l'Académie, les chefs de service des diverses administrations, le bureau de l'Académie de Rouen et de plusieurs sociétés savantes.

On remarque, non sans émotion, les dignitaires de l'Institut des Frères des Écoles chrétiennes, les Frères assistants, le visiteur provincial, les supérieurs de la contrée. Ils sont là, graves et pénétrés, ces hommes de dévouement et de foi, qui représentent, dans la fête de leur père, cette grande famille religieuse répandue sur toute la surface du globe.

Dans le sanctuaire, des trônes avaient été disposés pour NN. SS. les Évêques qui avaient répondu à l'invitation du vénérable métropolitain de Rouen ; ils ont fait leur entrée dans la Métropole à neuf heures et demie, aux sons majestueux des cloches et du grand orgue.

S. Em. Monseigneur le Cardinal-Archevêque a pris place sur son trône archiépiscopal, et la Messe a commencé. Elle a été célébrée par Mgr Langénieux, archevêque de Reims.

Pendant la Messe, la Maîtrise, la Société Philharmonique, l'École normale, et plusieurs artistes de Paris, ont exécuté le *Gloria in excelsis* de la Messe impériale d'Haydn. C'étaient bien là les accents qui convenaient tout d'abord à cette solennité : un chant de triomphe et de louange : « Gloire à Dieu au plus haut des cieux ! et paix sur la terre aux hommes de bonne volonté ! » La musique brillante et animée du maître rend parfaitement ce salut, cet élan, ce cri de l'univers chrétien. L'hymne angélique va se déroulant avec allégresse et majesté, soutenue par une harmonie puissante et richement colorée. Les soli confiés à une admirable voix d'enfant exprimaient toute l'onction de la prière publique. Comme elle était à sa place, en cet instant solennel, cette voix d'enfant, interprète mélodieux des cœurs de tous ces petits que Notre-Seigneur a tant aimés et auxquels l'abbé de la Salle, en fidèle disciple de son Maître, a consacré sa vie. Cette partie de la Messe impériale passe à bon droit pour l'un des chefs-d'œuvre d'Haydn. Elle a été dignement rendue par les instruments et les voix qui s'épanouissaient à l'aise sous les voûtes de notre Métropole. A l'Élévation, le chœur a chanté l'*O salutaris* de la Messe en *la mineur* de Mozart, avec un sentiment exquis des nuances et des délicatesses de cette prière inspirée. Le dernier morceau était le *Domine Deus* de M. Ch. Vervoitte. On connaît ce chœur avec accompagnement d'orchestre qui traduit avec une ampleur et une expression saisissantes une des grandes pages de nos livres saints. Cette œuvre fortement conçue est inspirée des meilleures traditions de la musique des maîtres et n'est pas déplacée après les accents d'Haydn et de Mozart. Son interprétation large et animée n'a rien laissé à désirer.

Après la Messe, M. l'abbé Besson, chanoine de Besançon, monte en chaire, pour prononcer le panégyrique du Vénérable.

La cantate de M. Gounod a mis fin à la première partie de la cérémonie. Cette cantate, composée pour cette solennité par le célèbre musicien, est une œuvre éminemment religieuse. M. Gounod a pris pour texte les paroles du psaume XL et s'est appliqué à en rendre la sévère beauté. Il a produit un choral d'un effet grandiose, écrit en vue d'une masse d'exécutants et puissamment orchestré. On a admiré surtout la fugue qui arrive graduellement à l'acclamation et qui contraste avec l'austérité de l'exposition. Il faut savoir gré à ce maître, qui a doté la musique moderne de tant d'œuvres admirées, d'avoir consacré à la gloire du Vénérable des pages pleines de science et d'inspiration.

PANÉGYRIQUE

DU

VÉNÉRABLE DE LA SALLE

PRONONCÉ DANS LA CATHÉDRALE DE ROUEN
LE 2 JUIN 1875

PAR

M. l'abbé BESSON

Qui ad justitiam erudiunt multos quasi stellæ in perpetuas æternitates.

Les maîtres qui enseignent la justice aux nations brilleront comme des astres pendant les éternités tout entières. (DANIEL, XII, 3.)

Éminence [1], Messeigneurs [2],

C'est d'abord au nom des pauvres, des petits, des enfants du peuple, de tous ceux qu'on appelle dans le monde la foule et la multitude, que je viens appliquer au Vénérable la Salle la prophétie de Daniel, et saluer d'avance dans le ciel de l'Église cet astre qui se lève sur nos têtes pour l'éternité. Il a droit au double diadème que le grand apôtre décerne, comme le prophète, *à ceux qui s'emploient au travail de la parole et de l'enseignement* (1). Un jour, qui n'est pas loin sans doute, Rome couronnera son front du nimbe des bienheureux. Aujourd'hui, c'est Rouen qui élève sa statue et qui la couronne. Mais quelle fête populaire, quelle cou-

---

(1) S. E. Mgr de Bonnechose, cardinal-archevêque de Rouen.
(2) Étaient présents : NN. SS. Langénieux, archevêque de Reims; Rousselet, évêque de Séez; Gignoux, évêque de Beauvais; Bravard, évêque de Coutances; Hugonin, évêque de Bayeux; Grolleau, évêque d'Évreux; Duquesnay, évêque de Limoges; Bataille, évêque d'Amiens.
(3) I *Tim.*, V, 17.

ronne de gloire ! C'est une couronne d'enfants où éclate le doux sourire de l'innocence ; c'est une couronne de religieux où l'on compte plus de dix mille fleurons ; c'est une couronne de capitaines, de magistrats, de députés, qui étalent ici tous les services rendus à la cité, à la province, à l'armée, à la France ; c'est une couronne d'Évêques, la plus belle que l'Église puisse offrir après l'auréole qu'il n'appartient qu'au Pape d'attacher au front des saints. Deux illustres provinces se réunissent pour former le magnifique diadème que nous décernons. Deux métropolitains y mettent toutes les splendeurs de leur siége antique. Reims, où naquit le Vénérable, ne saurait le céder à Rouen, qui fut sa seconde patrie. Lequel de Reims ou de Rouen l'a le plus aimé, lequel en reçoit aujourd'hui le plus de lustre et d'éclat, je ne le décide point ; mais ces enfants, ces frères, ces capitaines, ces magistrats, ces députés, ces évêques, se tournent d'un même mouvement vers l'illustre cardinal à qui revient la pensée de toute cette fête, et qui, après tant de jours de gloire, élevé aux premiers honneurs de l'Église, regarde comme une gloire plus grande encore d'avoir élevé lui-même dans sa ville métropolitaine l'image de la Salle aux applaudissements de l'univers. Ce grand prélat me commande de célébrer dans ce temple un nom si digne de louanges. J'essaierai donc de retracer, dans une rapide esquisse, la vie, la règle, les œuvres de ce noble serviteur de Dieu et du peuple. La vie du Vénérable est un modèle, sa règle une loi, son œuvre la gloire de la France et de l'Église. C'est pourquoi nous venons nous incliner trois fois devant sa statue, en acclamant avec vous le prêtre modeste qui s'est fait instituteur pour évangéliser les pauvres, le véritable législateur qui a fondé l'enseignement primaire, l'homme de bien ; parlons d'avance le langage de la postérité et de l'Église, le saint qui depuis deux siècles travaille dans les deux mondes à l'amélioration et au salut de l'humanité.

I.

La première moitié du siècle de Louis XIV était passée, et presque tous les génies qui devaient appartenir à cet âge heureux achevaient de naître, de croître ou de grandir pour l'éternel honneur du nom français. Dans les armes, dans la politique, dans l'éloquence, dans les arts, c'est le siècle des grands maîtres, des grands ouvrages et des grands souvenirs. Aussi serais-je bien surpris qu'une seule gloire lui eût manqué, et qu'il n'eût pas donné aux peuples comme aux rois des instituteurs dignes d'eux. Voici deux noms, deux astres promis encore au ciel de la France. On les voit poindre ensemble au commencement de la seconde moitié de ce grand siècle. Fénelon naquit pour instruire les princes dans le temps où la Salle venait de naître pour instruire les peuples. Mais ces deux hommes, si bien faits pour s'estimer et se comprendre, ne se rencontrèrent guère qu'au séminaire de Saint-Sulpice, qui fut le commun berceau de leur sacerdoce. Encore s'y rencontrèrent-ils sans se connaître; et Dieu, qui les avait donnés à la France dans un même conseil de miséricorde et d'amour, les laissa tous deux, loin l'un de l'autre, aux prises avec les hommes et avec la fortune, l'un pour le sanctifier sur le siége de Cambrai, dans sa gloire contredite et sa vertu méconnue, l'autre pour le mortifier jusque sous la bure où il avait caché sa vie, tous tous deux mourant au monde, portant leur croix, et expiant par des traverses inouïes le mérite de leur enseignement chrétien.

C'est à ce prix que la Salle mérita d'instruire les enfants du peuple. L'antiquité n'y avait point songé; l'Église ne cessait d'y travailler depuis seize siècles; elle y mettait l'autorité de ses conciles, les leçons de ses chapitres, les trésors de son épargne, le zèle de ses Évêques; mais la Réforme avait contredit ses leçons, mais la Révolution allait les proscrire. Entre la Réforme et la Révolution, Dieu avait résolu de combattre l'une et de prévenir les ravages de l'autre en faisant naître dans le siècle de Louis le Grand un homme qui sentît mieux encore que tous ses devanciers le devoir d'évangéliser les pauvres, et qui envoyât dans les deux mondes, sous les auspices de la France, mais sous la direction de l'Église, des disciples toujours capables de renouveler le prodige annoncé par l'Évangile jusqu'à la consommation des siècles.

Pour rendre la vocation de cet apôtre plus extraordinaire et son élection plus sensible, il plut au Seigneur de lui donner tous les souvenirs de race et de naissance qui peuvent flatter l'orgueil d'un jeune homme. Jean-Baptiste de la Salle appartenait par ses ancêtres à la noblesse du Béarn, par son père à la haute magistrature de la ville de Reims. Il était l'aîné de la famille, et la charge paternelle devait être naturellement son héritage. Noblesse, fortune, considération publique, il trouva tout dans son berceau; ce fut pour renoncer à tout comme aux jouets de la première enfance. Mais les saints, en renonçant au monde, ne renoncent jamais aux qualités de leur race ni aux vertus traditionnelles de leur famille. Jean-Baptiste demeura sous la tonsure un vrai chevalier, sous le froc un vrai magistrat. Où peut-on sentir aussi bien qu'à Rouen le prix de ces vocations exceptionnelles? Laissez-le s'engager dans l'Église; l'Église encore plus que le monde a besoin de vaillance; c'est dans l'Église encore plus que dans le monde qu'il faut garder le sentiment exact de la justice et l'austère notion du devoir.

L'Église lui conféra ses premiers honneurs dans un âge où elle ne pouvait encore lui demander que des espérances. Chanoine de Reims à dix-sept ans, le jeune clerc se montre dès le commencement fidèle à la prière, régulier à l'office, jaloux de s'instruire, prompt à conquérir ses premiers degrés, plus prompt encore à se former à toutes les vertus de son état. Le séminaire de Saint-Sulpice avait été ouvert et bénit solennellement l'année même de sa naissance, comme pour lui préparer le berceau de son sacerdoce à côté du berceau de sa famille. C'est là que Dieu le conduit vingt ans après, quand il pouvait y goûter à la fois l'esprit de sagesse et d'humilité dont la mort de M. Olier venait comme d'embaumer cette compagnie déjà si vénérable, les leçons de M. Tronson, si populaires encore dans l'éducation ecclésiastique, les exemples si édifiants que donnaient à l'envi les premiers élèves de Saint-Sulpice. L'abbé de la Salle achève d'étudier sa vocation dans cette grande école. Rien ne peut le détourner de l'autel, ni la mort de ses parents, ni la prise de possession d'un riche patrimoine, ni les derniers efforts que le monde, le démon, les passions tentent de concert pour le rendre à la liberté du siècle. Plus maître que jamais de ses actions, il se voue et se dédie au Seigneur avec une générosité plus grande encore, et se hâte de prononcer les vœux de son sous-diaconat pour mettre entre le monde et lui un abîme qu'on ne franchit plus. Deux ans après, le voilà prêtre, et prêtre pour l'éternité.

Tout est dit, sans doute ; non, ce n'est encore là qu'une partie de sa vocation. Il est prêtre, mais le chapitre de Reims ne le retiendra pas. Il devient docteur, mais ce n'est pas pour évangéliser les riches ou les grands. Il donne les premiers soins de son zèle aux filles de l'*Enfant Jésus*, mais ce n'est pas à l'éducation des filles que Dieu l'a promis. Seigneur, que voulez-vous de lui ? Et pourquoi tardez-vous à vous déclarer ? Vous allez l'apprendre. Dieu révèle rarement à ses serviteurs la grandeur et les difficultés des entreprises qu'il veut conduire par leurs mains. Il préfère que les hommes s'essayent, qu'ils s'engagent peu à peu, qu'ils s'enhardissent à la tâche, qu'ils y prennent goût et qu'ils finissent par s'y dévouer sans en pouvoir mesurer encore l'étendue. Telle fut la conduite mystérieuse que tint la Providence dans une affaire qui intéressait à un si haut degré l'instruction des pauvres et des petits. Par un autre dessein, elle avait choisi la ville de Rouen pour y mettre à l'abri de l'orage la Salle et son œuvre naissante. C'est de Rouen qu'elle lui députe les premières personnes qui viendront l'entretenir de sa vocation d'instituteur dans un temps où il hésite encore à la reconnaître. Elle attire ainsi ses regards sur une religieuse cité où la noblesse, le clergé, le parlement comptent tant d'âmes d'élite parmi les gens de bien qui la peuplent, et où les œuvres de bienfaisance et d'éducation fleurissent comme d'elles-mêmes dans une terre propice à toutes les vertus. Nommons ici madame de Maillefer, qui a renoncé aux folies du siècle pour embrasser avec une incroyable ardeur la folie de la croix, et qui consacre toute sa fortune à l'éducation des enfants avec la magnifique imprévoyance de la charité; le P. Barré, de l'ordre des Minimes, tourmenté, comme cette noble dame, par le désir d'enseigner les pauvres; enfin, Adrien Nyel, pieux laïque employé par le bureau de vos hospices à instruire les domestiques et les apprentis, et qui rêvait aussi de former des maîtres d'école vraiment chrétiens. Une lettre de recommandation écrite à l'abbé la Salle va tout décider. Mais madame de Maillefer qui la donne, et Adrien Nyel qui la porte, ne seront que les instruments de la Providence. L'élu des divins conseils, c'est l'abbé de la Salle.

Le jeune chanoine avait souhaité d'échanger sa prébende contre la paroisse de Saint-Pierre de Reims, mais ni son archevêque ni sa famille n'avaient autorisé ce pieux dessein. Ils attendaient, sans le savoir, les députés de la Providence. A la première ouverture venue de Rouen, la Salle s'étonne et demeure presque froid. Il prévoit des obstacles, il explique les embarras de l'entreprise, il témoigne une sorte de répugnance qui semble invincible. Ni sa naissance, ni son éducation, ni ses relations sociales ne l'avaient préparé à évangéliser les pauvres. Élevé dans une société polie, d'un esprit délicat, d'une conversation agréable, que pouvait-il se promettre dans un ministère si nouveau et si rebutant? L'art de former des maîtres d'école n'avait pas plus d'attrait pour sa nature que celui de catéchiser les enfants du peuple. Ce fut donc comme par degrés et sans prendre d'engagement qu'il se mit à l'œuvre. Il s'agissait de réunir cinq laïques pieux qui faisaient la classe et de leur donner quelques conseils. La Salle consent d'abord à les entretenir dans une maison étrangère, puis il leur ouvre sa propre maison; il les reçoit à sa table, il règle leurs lectures, il préside à leurs exercices de piété; il finit, après deux ans, par en faire ses disciples, ses amis, et comme d'autres lui-même. Le voilà à la tête d'une communauté. Le monde s'en étonne, sa famille le raille, chacun se scandalise et lui reproche sa folie; il ne lui reste que son Dieu, son courage et les conseils d'un ami pour le soutenir. Cet ami a le droit d'être nommé dans cet éloge et d'en partager la gloire, c'est le chanoine Rolland. La Salle comptera désormais ses jours par ses épreuves. Les premiers novices qu'il avait réunis, se voyant assujettis à une règle religieuse, s'en vont les uns après les autres. La Salle n'en trouve plus que deux à ses côtés. Un maître et deux disciples, c'est assez pour que l'Institut commence. Voilà le grain de sénevé d'où le grand arbre est sorti.

Soyez attentifs aux développements de l'humble semence. Après l'école de Reims, je vois s'élever celles de Réthel, de Guise et de Soissons; mais leur essor s'arrête tout à coup, le découragement se glisse parmi les Frères, et le pieux fondateur reconnaît lui-même qu'il leur doit des exemples autant que des leçons. Ecoute, ô mon fils, la voix de Jésus crucifié : A la croix! à la croix! Ce n'est que par la croix que l'on fonde, ce n'est que par la croix que l'on se perpétue. La Salle renonce à son canonicat; il se dépouille de son patrimoine; il distribue tous ses biens aux pauvres sans en réserver un denier ni pour ses disciples ni pour lui-même; et quand il est réduit à mendier son pain, libre désormais de toute charge comme de tout honneur, il tient son premier chapitre, il rédige ses premières règles, il expose aux regards du monde le costume de son Institut. Ce costume est toujours le même. Tels le XVII⁰ siècle a vu passer les premiers Frères des Ecoles chrétiennes, tels nous voyons leurs successeurs, avec leur grossière chaussure, leur rabat, leur manteau et leur robe fermée par des agrafes de fer. Passez, chers Frères, passez à travers les peuples, drapés dans ce grave et antique manteau, dernier reste des costumes du grand siècle, qui sied si bien à votre caractère et à votre mission. Passez, vaillants mais radieux si on vous insulte, modestes si on vous acclame, toujours fidèles à l'esprit comme à l'habit du Vénérable la Salle. Vous portez depuis deux siècles, sous cette robe de bure, un cœur qui n'a jamais cessé de battre, et pour l'Église et pour la France, d'un mouvement que rien n'a pu ni interrompre ni ralentir ; et vous demeurez, après tant de révolutions, les chers Frères des Ecoles chrétiennes !

A peine le Vénérable a-t-il revêtu ses saintes livrées, que Dieu bénit les prémices de son œuvre. La communauté s'étend, le noviciat se fonde ; et par un premier mouvement de confiance et de popularité, voici des jeunes gens qui viennent du dehors pour apprendre de notre fondateur l'art d'enseigner les enfants du peuple. Ils veulent demeurer dans le monde, mais ils veulent y vivre en maîtres chrétiens. Que ne fera pas le Vénérable pour favoriser leur vocation ! Il les accueille ; il en forme une communauté nouvelle ; il la discipline et il la soutient par la règle ; il l'anime de son esprit ; il donne aux paroisses de la Champagne des instituteurs séculiers vraiment dignes de la confiance publique. Voilà le premier modèle des Ecoles Normales. Ainsi, le génie de la Salle a devancé notre siècle et deviné nos institutions. Ainsi, la Normandie n'a eu à redouter dans ses disciples ni préjugés, ni antipathie, ni esprit de mesquine rivalité ou de puérile dispute, quand vous leur avez confié, il y a plus de quarante ans, l'Ecole Normale de cette province et le soin de former des instituteurs laïques, mais chrétiens. Pour accepter cette charge avec tant de dévouement, pour la remplir avec tant de succès, il a suffi aux chers Frères de se tourner vers les restes du Vénérable qui reposent au milieu d'eux, et de consulter sa mémoire bénie. Ah! qu'elle prospère et qu'elle fleurisse pour la gloire de Rouen et pour l'exemple de toute la France, cette maison où l'instituteur apprend à devenir l'auxiliaire du prêtre! Là commence cette alliance étroite de l'Ecole et de l'Eglise, qui se continue dans les paroisses de ce vaste diocèse, et qui, donnant à l'instituteur un ami, au prêtre un catéchiste, désespère le démon de la Révolution de semer au milieu de vous la discorde, la ruine et la mort.

J'ai beau suivre l'ordre des temps; ma pensée s'obstine à venir par avance de Reims à Rouen comme pour contempler le Vénérable dans sa seconde patrie, dans cette terre qui fut pour lui la terre de l'hospitalité et du repos. Mais quelque attrait qu'il sente pour une cité où l'appellent tous les vœux, Paris avait pour lui l'attrait du devoir, l'attrait de la croix. Il devait y souffrir sa grande passion, parce que Dieu y avait marqué pour l'avenir le siége de son Institut et le centre de son apostolat universel. Il s'arrache donc à sa chère ville de Reims, à sa famille, à ses amis, aux souvenirs de son enfance et de son sacerdoce; il vient demander à la cité fameuse entre toutes les cités la permission d'instruire gratuitement les ignorants, en leur donnant le moyen de gagner leur vie et de faire leur salut. Paris, qui bénissait le nom de Vincent de Paul, ne devait-il pas accueillir Jean-Baptiste de la Salle? Là où les pauvres avaient déjà tant d'hospices et de secours, n'est-il pas raisonnable de croire que la Salle pourra leur donner sans peine des écoles et des maîtres? Mais le Seigneur nous avertit que ses pensées ne sont pas nos pensées, et qu'il repousse la sagesse des sages et la prudence des prudents du siècle. La Salle ne devait guère rencontrer à Paris que des contradictions. Il alla pendant douze ans du faubourg

Saint-Germain au faubourg Saint-Antoine, ouvrant des classes dans les paroisses les plus pauvres et les plus populeuses, fondant un pensionnat en faveur des Irlandais fugitifs, imaginant en faveur des ouvriers une école dominicale, transportant son noviciat de la ville à la campagne, partout en butte à la calomnie ou aux préventions, méconnu par les uns, persécuté par les autres, abandonné de tout le monde. Je ne raconterai pas la suite trop fortunée de ces intrigues où triompha un moment la sottise humaine. C'était le conseil de Dieu d'affermir son serviteur par les épreuves, et de lui faire boire jusqu'à la lie le calice des humiliations. Tout se tourne à la fois contre le Vénérable. Ses amis l'oublient, ses premiers protecteurs meurent ou l'abandonnent; la corporation des maîtres écrivains, tremblant pour son industrie, déchaîne contre lui les hommes puissants; l'autorité ecclésiastique le dépose de sa charge de supérieur; et à peine y est-il rétabli sur les instances de ses Frères, que les procès s'engagent devant la juridiction civile; le Parlement le condamne; c'en est fait, il faut fermer l'école de Saint-Sulpice, il faut transférer à Rouen ce noviciat déjà transplanté tant de fois, et qui va trouver enfin sur vos côtes hospitalières le sol béni où il pourra croître, s'étendre et affermir ses profondes racines.

La Salle est entré dans le port, et il lui est donné de respirer un peu. Ici deux hommes grands par leur nom autant que par leur charge, mais d'un cœur plus grand encore que leur fortune, couvrirent le Vénérable de leur haute et efficace protection. L'un, c'est Colbert ; assis sur le siége de saint Mellon et de saint Nicaise, il agrandissait encore par l'exercice de sa charité pastorale la gloire du nom paternel. L'autre, c'est Pontcarré, qui présidait le Parlement de Normandie avec la triple autorité du savoir, du caractère et de la vertu. La Salle a trouvé enfin deux protecteurs qui ne l'abandonneront jamais. Il loue aux portes de cette ville la maison de Saint-Yon, et son génie y multiplie les miracles. Ce n'est pas seulement la communauté et le noviciat des Frères qui fleurissent dans ce noble asile. Le fondateur y ouvre trois pensions distinctes, l'une aux enfants encore sages qui sont l'espérance de leurs familles, l'autre aux enfants indociles dont il fallait réformer le caractère et les mœurs, la troisième aux enfants vicieux et libertins enfermés sur la demande de leurs parents et par l'autorité de la justice. Ne craignez rien de ce rapprochement; toutes ces pensions ont leur règlement, leurs maîtres, leurs quartiers séparés; l'ordre y règne comme dans un établissement unique; le silence s'y observe comme dans un couvent; et, quand le signal se donne, tout marche à la parole. Ne désespérez plus des incorrigibles. Ce que la nature n'a pu faire, la grâce le tente et l'obtient. La maison de détention rendra au monde des hommes qui feront oublier par une vie exemplaire les scandales de leur jeunesse; d'autres en sortiront pour revêtir l'habit monastique, et le pénitencier qu'anime le génie de la Salle devient comme la porte du cloître.

Quand le Vénérable, du fond de sa chère maison de Saint-Yon, jetait les yeux sur son œuvre naissante, il voyait avec une douce satisfaction ses Frères, répandus dans les écoles charitables de Rouen, à Saint-Maclou, à Saint-Godard, à Saint-Eloi, à Saint-Vivien, à l'Hôpital, passer du service des pauvres au service des enfants, et combattre avec un égal succès l'ignorance et la misère. Mais le nombre de leurs élèves dépassait leurs forces, leur tâche devenait chaque jour plus rude, et leurs épreuves se multipliaient avec les années. Il fallait lutter avec la faim, le froid, la maladie, aussi bien qu'avec la calomnie et l'ingratitude. La Salle priait et attendait des jours meilleurs. Il fallait remplacer tantôt dans une école, tantôt dans un hospice, le Frère qui tombait sous le drapeau. La Salle prenait le livre ou le tablier et se faisait infirmier ou maître d'école. Ni le long hiver de 1709, ni la famine qui régna dans toute la France, n'abattirent un seul instant un si grand cœur. Aux plaintes de la détresse, il répondait par les vives remontrances de la foi. « Après tout, écrivait-il à ses disciples, rien n'arrive au monde que ce que Dieu permet ou ordonne. Dussions-nous mourir de faim, si Dieu nous trouve soumis, il couronnera au moins dans le ciel notre vertu et nous rangera parmi les martyrs de la patience. »

A ce mot tombé des lèvres du Vénérable, vous avez deviné le secret de sa vie. Ah! qu'il le garde, qu'il le médite, qu'il le pénètre toujours davantage au pied de la croix; car sa patience sera éprouvée jusqu'à la fin; et le démon, après avoir paru un moment laisser en paix le serviteur de Dieu et du peuple, revient contre lui plus furieux que jamais. L'ennemi du genre humain pouvait-il voir sans frémir de honte et de dépit l'Institut s'étendre du Nord au Midi et chasser partout, comme au souffle d'un esprit nouveau, l'ignorance et l'immoralité? Chartres, Calais, Troyes, Dijon, Versailles, ont remis leurs écoles aux mains des Frères. Mende, Alais, Grenoble, Marseille, vingt autres villes non moins chrétiennes, qu'il serait trop long d'énumérer, après avoir longtemps attendu ces pieux instituteurs, ont joui enfin de ce qu'elles appelaient une grâce et un bonheur. Mais le plus grand bonheur de la Salle fut de fonder l'école de Rome. L'humble Frère qu'il envoie, demeure vingt-quatre ans dans la ville éternelle, sans argent, sans protection, souvent sans ressources, seul au milieu de toutes sortes de tentations et de découragements, n'ayant pour se consoler que sa correspondance avec le Vénérable. Après mille tentatives, après mille instances, il finit par obtenir la direction d'une école. La Salle, en apprenant cette nouvelle, laisse courir sa plume avec une vive allégresse : « J'ai bien de la joie, écrit-il au Frère, que vous ayez maintenant une école du Pape. C'est à quoi j'aspirais. » Quelle ambition! Ne disons pas qu'elle est modeste, disons plutôt que c'est la plus haute ambition qui soit au monde. C'est l'ambition du disciple qui sollicite l'approbation du maître; mais ce maître est le vicaire infaillible de Jésus-Christ. C'est l'ambition de l'enfant qui sollicite un regard tombé des yeux d'un père, un mot tombé de sa bouche; mais ce père est le père commun de tous les chrétiens.

Avec de tels sentiments, faut-il s'étonner que la Salle ait donné au Saint-Siége des marques si éclatantes de sa fidélité et de son attachement dans des temps difficiles? Comptez-le parmi les adversaires les plus irréconciliables du jansénisme naissant. Cette secte, plus discrète, mais non moins redoutable que le protestantisme, avait gagné dans la noblesse, dans les parlements, dans le clergé même, des hommes célèbres, les uns épris d'une fausse perfection, les autres infatués de leurs mérites passés, tous dominés par ce que Bossuet appelle le chagrin superbe, l'indocile curiosité, la démangeaison de disputer sans trêve et sans fin sur les mystères, comme s'ils eussent été chargés de découvrir au monde les rapports intimes de la nature et de la grâce, et de prononcer sur le merveilleux accord de la providence de Dieu et de la liberté de l'homme qui ne sera dévoilé que dans le ciel. Quand l'homme s'égare en côtoyant ces abîmes, le Saint-Siége l'avertit, l'éclaire, le condamne au besoin, et le condamné trouve dans l'obéissance la lumière et la paix. Il y a longtemps que saint Paul a jugé d'un mot toutes ces questions : *O altitudo!* ô profondeur! Il y a longtemps que saint Ambroise a tracé dans une ligne toute la règle à suivre : *Roma locuta est, causa finita est;* Rome a parlé, la cause est finie. Rome avait parlé par la bulle *Unigenitus*, et les sectaires prétendaient tenir encore contre la bulle. Pour gagner la Salle à leur cause, que ne firent-ils pas! Flatteries, promesses, menaces, détours adroits, tout fut inutile. Plutôt que de donner un seul gage à l'erreur presque dominante, la Salle se résigne à voir augmenter le nombre de ses ennemis. On reconnaît partout leur main perfide. Ils sèment l'ivraie dans les noviciats, ils fabriquent des libelles, ils suscitent toutes les puissances du jour, tantôt contre la règle, tantôt contre les disciples, tantôt contre la personne du Vénérable. Point de pitié pour sa vieillesse! Point de grâce pour ses services! Partout des préventions qui l'accueillent, des procès qui le ruinent, des amis qui se changent en indifférents, des obligés qui deviennent des ingrats, des fils qui se font des persécuteurs. La croix partout, toujours la croix! Sous quelque soleil qu'il porte sa tente toujours errante et agitée, le démon qui le devance lui a déjà préparé des piéges. Revient-il de Rouen à Paris, c'est pour y trouver de nouveaux embarras et de nouveaux procès. S'éloigne-t-il encore une fois de la grande cité pour visiter ses communautés du Midi et aller goûter à la Chartreuse la paix que les hommes lui refusent, on lui reproche son absence. Non, il ne trouvera pas même le repos dans ces hautes solitudes des Alpes où saint Bruno, sorti comme lui de l'Eglise de Reims, a pu achever sa prodigieuse carrière. Mais à peine a-t-il cédé aux lettres pressantes de ses disciples en venant reprendre à Paris la direction de l'Institut, que son retour irrite ses adversaires. Absent ou présent, il voit que l'édifice chancelle toujours sous sa main; et cependant l'édifice demeure debout, sans cesser de paraître au penchant de sa ruine. Eh bien! qu'un autre s'avance pour le soutenir. Il se démet de sa charge; c'est sa dernière réponse aux injures et aux calomnies. Il propose un autre lui-même; l'élection est unanime, l'élection du frère Barthélemy est sa première joie.

Quand ses vœux sont accomplis, ai-je besoin de vous dire avec quelle facilité le vénérable supérieur devient un simple Frère? Laissez-le jouir de cette humble condition; ce n'est pas à l'ennui des affaires qu'il a cédé, c'est au vif désir de la perfection chrétienne. Ecoutez-le : « Je ne veux plus que penser à la mort et pleurer mes péchés. » Suivez-le : au réfectoire, il prend la dernière place; en récréation, il se tient parmi les plus obscurs; en cellule, il attend le son de la cloche et se refuse à sortir sans une permission expresse, toujours demandée, toujours attendue, jamais dépassée d'un seul instant. Son dernier voyage à Paris met dans un nouveau relief son esprit de prière, d'humilité et de mortification. On l'envoie, et il va; on le rappelle, et il revient. La maison de Saint-Yon réclamait sa présence comme si elle avait eu le pressentiment de sa mort prochaine, et qu'elle eût craint d'être privée de ses derniers adieux et de ses derniers soupirs. Mais le Vénérable pressentait lui-même plus que personne que sa fin approchait; il l'avait annoncée, il s'y préparait par une pratique plus vive et plus fidèle encore de toutes les vertus. Il ne rentra guère à Saint-Yon que pour y mourir. Ainsi les Frères qu'il aime entre tous les autres auront sous les yeux le spectacle de ses dernières épreuves, et apprendront à son école comment doit mourir le Frère des Ecoles chrétiennes. Ainsi cette noble ville de Rouen, par qui le monde a joui de la Salle et de ses œuvres, jouira de la gloire de son tombeau et de la vertu de ses reliques. Mais cette école de la bonne mort, c'est encore l'école de la croix; mais cette gloire qui vous en revient, c'est la gloire du crucifié. La croix! toujours la croix! La croix jusqu'à la dernière parole, au dernier souffle, au dernier battement de ce cœur qui a tant aimé Dieu et les pauvres !

Cherchez dans cette chère maison de Saint-Yon la chambre la plus basse, la plus obscure, la plus voisine de l'étable. C'est là que la Salle écrit dans ses dernières lettres le testament de sa foi, en protestant qu'il veut mourir dans l'obéissance due à l'Église et au Pape ; car pour lui, comme pour saint François de Sales, le Pape et l'Église, c'est tout un. C'est là qu'il ajoute à toutes les infirmités de l'âge toutes les austérités de la pénitence, avec cet air tranquille, doux, souriant, qui ne laisse deviner ni la souffrance ni la mortification. C'est là qu'il apprend, sans s'étonner ni se plaindre, les difficultés que l'on suscite encore à sa communauté. C'est là qu'il entend sans pâlir tomber de la bouche d'un prêtre cette parole qui semble sortir de la bouche d'un juge : « Sachez que vous allez mourir et qu'il vous faudra ensuite comparaître devant Dieu. » Mais la rudesse de l'avertissement ne fait que lui rendre plus chère encore la visite de ce Dieu qui vient à lui sur la terre pour la dernière fois avec l'amour d'un père. Il se revêt du surplis et de l'étole pour le recevoir, il se précipite à genoux en venant à sa rencontre, il fait éclater dans son visage comme enflammé de lumière toute l'ardeur de sa foi : c'était la veille du jeudi-saint. L'agonie se prolonge jusqu'au vendredi. Ainsi, le prêtre associé au mystère du cénacle doit être associé au mystère de la croix. Ainsi le Vénérable a souffert jusqu'à la mort, sinon dans son corps, du moins dans son âme, toutes les douleurs de la Passion. Comme son maître, il est mort sur la croix ; comme son maître, il a tout pardonné ; comme son maître, il est allé célébrer les fêtes de Pâques en paradis.

« Le saint est mort ! le saint est mort ! » Voilà le premier cri qui part de la bouche des enfants et qui se répand dans toute la cité. Reims le répète et s'applaudit d'avoir donné naissance à un saint. Paris le redira à son tour, en réparant à force d'hommages les préventions du passé. C'est à Rome de le dire plus haut encore avec une autorité qui n'appartient qu'à elle. Non, Rome dira autre chose ; Rome, nous en avons l'espérance, dira bientôt : « Le saint est au ciel. Bienheureux la Salle, priez pour nous ! »

Après la vie de ce Vénérable, étudions sa règle, et notre confiance dans l'issue de ce procès deviendra plus grande encore. La Salle a perdu sur la terre tous les procès que lui a intentés la justice des hommes. La Salle gagnera à Rome le seul procès qui soit digne de lui, celui de sa béatification.

« Bienheureux la Salle, priez pour nous ! »

II.

Le Vénérable la Salle n'est pas seulement un maître, c'est un législateur, c'est le législateur de l'enseignement primaire. Il en a posé les fondements, tracé les limites, fixé la langue, inventé la méthode, formé les maîtres. Toute cette législation est renfermée dans un petit livre d'une modeste apparence, d'un titre exact, d'une pratique sûre. Ecoutez et jugez s'il justifie ce titre qui dit tout : *De la Conduite des Écoles.*

La base de l'enseignement, c'est la religion chrétienne. Ni les lois, ni les institutions, ni les mœurs ne sauraient avoir d'autres fondements dans nos sociétés modernes. L'Apôtre nous en avertit : *Fundamentum aliud nemo potest ponere, præter id quod positum est, quod est Christus Jesus* (1). Dans l'éducation comme dans le gouvernement des peuples, ne cherchez pas d'autres assises. Vous n'aurez que des illusions, et vous ne laisserez que des ruines. Le Vénérable la Salle a bâti sur la pierre angulaire tout son édifice. C'est sur cette pierre qu'il a trouvé son point d'appui, qu'il s'est tenu debout pour imprimer à tout un monde nouveau le branle et le mouvement, qu'il a donné à ses écoles la force, la vie et la durée. Pour le Christ, il n'y a qu'une place, c'est la première. Là où il n'est pas tout, il finit par n'être plus rien ; et tout croule, s'effondre et s'évanouit comme dans le néant.

Le législateur de l'enseignement primaire a donc été avant tout un évangéliste. Il évangélise encore par ses disciples, et c'est pourquoi il continue de vivre. Il a donné, nous le disons hautement, la place d'honneur dans son programme à l'étude du catéchisme et de la prière, et c'est pourquoi ce programme demeure toujours fécond. Cette étude se fait par tous les sens du corps et par toutes les applications de l'esprit. Les yeux s'élèvent comme d'eux-mêmes vers l'image du Christ qui est le vrai maître de la classe et le roi éter-

---

(1) I. *Cor.*, III, 10.

nel de l'école; l'oreille s'édifie au chant des cantiques; les lèvres s'exercent à affirmer le *Credo* et à réciter le *Pater*; la main se forme en reproduisant sur le papier ou sur l'ardoise les belles sentences de l'Ecriture. Voilà le spectacle extérieur et public qu'offrent toutes les écoles du Vénérable la Salle.

Mais la foi du législateur, déchirant d'une main hardie le faible rideau qui nous sépare du monde invisible, invitait les Frères à reposer leurs yeux sur un spectacle plus merveilleux encore. Tantôt il leur disait avec saint François de Sales : « Les anges des petits enfants applaudissent à vos travaux et les présentent au Seigneur ; car ils aiment d'un particulier amour ceux qui les élèvent dans la crainte de Dieu et qui instillent en leurs tendres âmes la dévotion. » Tantôt parlant lui-même avec la grâce et l'onction du saint évêque de Genève : « Vous êtes, disait-il à ses jeunes maîtres, les coopérateurs de Jésus ; et vous participez à l'auguste fonction des anges gardiens dans la culture des âmes. » Il les faisait sortir par avance du temps et du changement ; et, leur montrant dans le ciel la couronne tressée par les petits enfants qu'ils avaient sauvés : « Courage ! s'écriait-il, voilà la vraie et la seule récompense de votre mission. »

Sur cette base inébranlable et sacrée qu'il donne à l'enseignement primaire, le vénérable législateur en détermine nettement l'objet et les limites. Ses vœux sont modestes en apparence ; mais en réalité ce sont les vœux d'un sage pour l'instruction et le bonheur du monde. Lire, écrire, compter : voilà toute la science qu'il prétend donner aux enfants. Mais ces enfants sont des pauvres qu'attend la culture des champs, que les métiers réclament déjà, et qui, même en fréquentant l'école, sont tenus de gagner leur vie à la sueur de leur front. Allons plus loin, ce n'est plus du pauvre que je parle, c'est de tout enfant qu'il faut instruire, même de celui que Dieu appellera un jour aux plus hautes dignités de l'État. Le souhait le plus raisonnable que l'on puisse former pour son éducation première, c'est qu'on l'enferme d'abord dans les limites tracées par le Vénérable. N'est-ce donc rien que de savoir lire avec une attention soutenue, une correction élégante, une clarté parfaite? N'est-ce rien qu'une écriture ferme et noble où l'intelligence éclate et où le caractère se révèle? N'est-ce rien que de calculer avec rapidité et précision? Disons plutôt que tout est là, et que la Salle a mis aux mains des enfants la clef de toutes les sciences.

Combien cette sagesse est différente de la folie de notre siècle! Non, on ne saurait trop rappeler le véritable et principal objet de l'enseignement primaire; le reste n'est qu'accessoire et ornement. Non, on ne saurait trop flétrir cette orgueilleuse manie que nous avons de hâter les premières études et de précipiter l'enfant d'une leçon à une autre, comme à travers des abîmes, où l'on prétend lui faire entendre ce qu'il ne sait pas encore lire, où son écriture s'altère avant même d'être formée, où le calcul mal appris se trahira dans l'étude téméraire et précoce des mathématiques, en sorte qu'après avoir confondu dans un pêle-mêle affreux ce qu'il y a de plus élémentaire et de plus élevé, il ne reste souvent à l'homme mûr que l'horreur des livres, le dégoût de l'étude, le souvenir amer autant que confus d'avoir entendu parler de tout sans avoir rien appris. De grâce, séparez donc d'une main plus ferme les études de chaque âge. Mettez des bornes à la vanité qui nous égare et à la précipitation qui nous emporte. Remontez le courant, au lieu de le descendre au gré de l'opinion pervertie; et rendez-nous ces modestes études du véritable enseignement primaire qui ont donné à tant de génies le temps de naître, de croître et de se développer. Bien lire, c'est déjà penser. Bien écrire, c'est se jouer des difficultés de l'orthographe et s'initier aux secrets du style. Calculer, c'est se posséder, c'est réfléchir, c'est raisonner juste. Quand je vois la Salle déposer le bonnet de la Sorbonne pour devenir le plus humble des instituteurs populaires, je le déclare un vrai docteur.

Ce qui sortira un jour de ses mains pour remplir l'Ecole polytechnique et l'Institut est incroyable. Le dernier vainqueur de la grande armée, le général Drouot, est devenu à cette école un savant, un héros, un chrétien. Ampère y a cueilli les palmes de son enfance, présage assuré de toute sa gloire.

O sage et profond législateur, non, vous n'avez rien perdu en échangeant la joie de composer les thèses les plus brillantes contre celle de préparer à l'enfant ses premières lectures, ses premières pages, ses premiers calculs. Quand le roi d'Angleterre visite votre humble classe, vous lui montrez les cahiers de vos élèves avec un doux et légitime orgueil. C'était la première fois peut-être que les princes abaissaient leurs regards sur de si petites écoles; mais vos petites écoles méritent bien leur attention, car au jour où la Révolution fermera les universités et les colléges, vos disciples, les uns fugitifs, les autres tranquilles et respectés, prépareront dans leur modeste sphère une génération de soldats, de prêtres, de magistrats, qui feront, dans notre siècle, l'honneur et la recommandation de votre enseignement et de votre institut.

Pour s'enfermer dans les étroites limites de ce programme, qui sont celles de la sagesse et de la tradition, la Salle a lutté contre la routine de son siècle. Il ne lui fallut ni une énergie moins vive, ni une persévérance moins soutenue, pour fixer la langue de son enseignement. Comme il avait séparé nettement l'instruction primaire de l'instruction secondaire, il sépara avec non moins de bonheur l'école du collége, et la langue française de la langue latine. Rien ne le détourna de cette voie, ni l'usage contraire, ni l'autorité de Des Marais, l'illustre évêque de Chartres, son admirateur et son ami, ni même l'espoir si bien fondé de voir l'élite de ses Frères appelée aux honneurs du sacerdoce. Sous prétexte que la langue latine est la source de la nôtre, et sans prendre garde qu'on ne la parlait plus, on traînait l'enfant pendant quatre ou cinq ans sur les livres composés dans cette langue, étrangère pour lui, dont il ne pouvait deviner le sens, bien loin d'en apprécier la majestueuse beauté. Le temps était venu de rompre avec une habitude empruntée aux siècles où le latin était encore la langue universelle. Quelques savants osaient à peine donner le signal dans les livres composés pour les plus hautes écoles. Les solitaires de Port-Royal venaient de publier en français le premier traité de logique; le dictionnaire de l'Académie commençait; mais c'était pour commencer encore et ne jamais finir; et Fénelon demandait à l'illustre compagnie d'écrire enfin une grammaire courte, simple, facile, où l'on ne donnerait guère que les règles générales de notre langue. Non-seulement la Salle partage les vues de l'immortel archevêque, mais, ce qui est plus rare et plus hardi, il les met en pratique. Il interdit à ses disciples l'étude du latin, et fait de notre idiome national la langue unique des écoles chrétiennes.

Ainsi triompha la langue française, mais seulement à l'heure marquée pour son vrai triomphe. Tant qu'elle demeure, dans sa naïveté, rebelle encore aux règles de la correction et du goût, ne reprochons pas à nos pères de n'en avoir pas fait la langue de l'école. Tant que la Renaissance s'obstine à la retremper aux sources de l'antiquité païenne, il faut la laisser aux mains des grammairiens et des critiques. Mais le siècle de Louis XIV en fixe à jamais le caractère et les lois essentielles. Elle reçoit, de Corneille et de Pascal, sa fermeté; de Bossuet, son élan et sa grandeur; de Racine, sa grâce; de Fléchier et de Fénelon, son harmonie imitative, sa douceur et son onction. Elle est nette, précise, élégante, pleine de ressources dans sa souplesse, pleine de génie dans sa simplicité. Elle a je ne sais quoi d'attrayant, de communicatif et de contagieux qui lui fera faire le tour du monde. La Salle la reçoit dans cette perfection, la met sur les lèvres du peuple et la garde dans ses écoles avec une jalouse fidélité. Il rédige, il publie, dans cette langue victorieuse, des alphabets, des catéchismes, des traités de civilité et de politesse; il donne aux préceptes toute leur clarté, aux mots toute leur précision; il fait de la langue française la langue des écoles, comme elle est la langue de l'amitié, des affaires et des cours.

Ce n'est pas seulement dans la langue, c'est encore dans la méthode que la Salle opère une heureuse révolution. Comment enseigner du même coup tant d'enfants assemblés? Jusque-là les leçons des maîtres étaient individuelles; et chaque élève, appelé à son tour auprès d'eux, recevait pendant quelques minutes à peine un enseignement donné à basse voix au milieu de l'inattention ou du tumulte de la classe entière. Ce fut un trait d'un rare jugement que d'avoir senti le vice de cette méthode jusqu'alors dominante autant que détestable; ce fut un trait de génie que d'y substituer la méthode de l'enseignement simultané. Au lieu des répétitions particulières, la Salle dirigea toutes les volontés et tous les esprits vers un but commun, en groupant les enfants selon leur degré d'instruction et de mérite, et en assujettissant les membres de chaque groupe à suivre du regard et du doigt tous les mots de la leçon. Un élève la prononce, les autres la répètent, le livre en main, les yeux sur le livre. Cette leçon, ainsi prononcée et répétée tout à la fois, excite l'attention de chacun et entretient l'émulation générale. Les paroles tombent en cadence avec une régularité harmonieuse, et la mémoire retient tout ce qui a flatté l'oreille. Ce n'est pas tout. Un ordre parfait et toujours croissant règne dans les moindres connaissances. Les lettres aident à constituer les syllabes, les syllabes forment les mots, les mots réunis composent les phrases; et l'élève, au lieu de se heurter brusquement à des difficultés inextricables qui l'auraient découragé pour toujours, va du simple au compliqué et du facile au difficile, avec cette satisfaction que donne le moindre succès, cette ardeur qui le redouble et cette suite qui fait jouir, sans interruption, de tous les progrès accomplis.

Vous reconnaissez à ces détails l'homme de règle et l'homme de pratique. Tout dans cette méthode est à la fois simple et grand. Nous en jouissons depuis deux siècles et nous n'y voyons plus le génie qui l'a inventée, expérimentée, perfectionnée. Ce fut le génie de l'ordre et de la patience. Et si vous me demandez pourquoi on a connu et apprécié si tard des moyens si féconds, je vous avouerai qu'il faut plus que du génie pour mettre tant d'ordre en de si petites choses, et pour montrer tant de patience envers les étourdis, les paresseux, les opiniâtres, les rebelles et les ignorants. Il y faut l'amour qui aide à porter les plus lourds fardeaux. Il faut travailler, donner sa vie, donner son âme. Il faut enseigner pour l'amour du pauvre et pour l'amour de Dieu.

C'est ici le triomphe du législateur. Tant vaut l'homme, tant vaut la loi ; tant vaut le maître, tant vaut la règle. Un maître sans règle ne se survivra pas ; une règle sans maître est plus stérile encore. Il n'en sera pas ainsi de la Salle et de son Institut. Le Vénérable a rencontré des maîtres par milliers pour instruire des enfants par millions. Il leur a proposé le triple joug de la pauvreté, de l'obéissance et de la chasteté, et ils en goûtent depuis deux siècles l'ineffable douceur. Il leur a demandé de joindre à ces trois vœux de religion le vœu de l'enseignement, et depuis deux siècles il a obtenu ce nouveau sacrifice avec autant de facilité que le premier. Sept heures de sommeil et sept heures de classe, quatre heures de prières et deux heures d'étude ; le reste pour la récréation, les repas, et le temps employé à passer d'un exercice à l'autre : voilà le compte de la journée pour la Salle et pour ses disciples ; voilà le compte qu'ils rendront de leur temps dans l'éternité.

Voulez-vous entrer plus avant dans l'esprit de leur Institut ? Les Frères, comme dit la règle, ont un très-profond respect pour les saintes Écritures ; afin d'en donner des marques, ils portent toujours sur eux le Nouveau Testament et ne passent aucun jour sans en faire quelque lecture. Ils font oraison, ils récitent soir et matin plusieurs litanies, ils lisent l'*Imitation de Jésus-Christ* ; ils ne sortent, même pour leurs promenades, que le chapelet à la main. Ils fréquentent chaque semaine les tribunaux qui justifient ceux qui s'accusent, et vont s'asseoir à la table sainte avec un désir toujours plus ardent de la sainte communion. Ils vivent en frères, et le nom qu'ils portent leur rappelle sans cesse qu'ils doivent avoir l'un pour l'autre les sentiments d'une amitié réciproque. Cette communauté sainte leur rend une famille mille fois plus nombreuse que celle qu'ils ont quittée. Dieu, qui est leur père, leur fait voir ses lieutenants et ses images dans le supérieur général de l'Institut et dans le directeur de chaque maison particulière. Ils vénèrent comme une mère tendre la sainte compagnie à laquelle ils appartiennent. Enfin ils aiment comme leurs propres enfants ces élèves qui peuplent leur classe et pour qui leurs entrailles tremblent, s'émeuvent, palpitent, tressaillent, jusqu'à ce qu'ils soient tous engendrés à Jésus-Christ. En deux mots, Dieu à aimer et le pauvre à instruire, voilà toute la pensée de ces maîtres, tout leur programme, toute leur vertu, tout le secret de leur zèle et de leur succès.

C'est pour réussir plus efficacement dans cette grande entreprise qu'ils ont mis en commun leurs prières, leurs études, leurs sueurs, leurs mérites, leur vie, leur mort et leur souvenir. Ils n'étaient pas trois cents le jour où la Salle a quitté la terre ; ils sont dix mille aujourd'hui. Ils n'avaient pas dix mille élèves pour pleurer sa mort ; il y en a quatre cent mille qui demandent aujourd'hui sa béatification. Le petit livre intitulé : *La Conduite des Ecoles chrétiennes*, que le Vénérable a laissé manuscrit, n'a vu le jour qu'un an après sa mort, et il a paru d'abord sans nom d'auteur. Il est aujourd'hui la loi la plus simple, la plus courte et la plus obéie qu'il y ait dans les deux mondes. La Salle méritera donc d'être appelé un vrai législateur. Il faut tout dire, cette règle est un bienfait public ; et je n'aurai achevé cet éloge qu'après vous avoir montré dans le législateur des Écoles chrétiennes l'un des plus grands bienfaiteurs de l'humanité.

III

Vous avez vu l'homme mettant la main à la charrue pour défricher, comme un sol ingrat, l'âme des ignorants. Vous avez vu selon quelle règle il a confié la semence à cette terre si neuve encore. Maintenant regardez l'arbre et goûtez ses fruits. Après l'homme, après la règle, voici l'ouvrage.

Jamais fondateur n'avait semé parmi plus de larmes et de contradictions; jamais, dès le lendemain de la mort, moisson ne se leva plus abondante et plus belle sur une tombe à peine refermée. Qui peut douter que le Vénérable ait été introduit dans la gloire des saints ? Il donne à son Institut des protecteurs parmi les magistrats et les ministres qui font le plus d'honneur à la France. Il suffit de citer d'Aguesseau, dont le nom rappelle ce que la justice a de plus religieux, et Fleury, dont la sage politique avait fait de Louis XV le roi bien-aimé. Louis XV approuve l'Institut; les parlements déposent leurs longues défiances; les évêques, dès le commencement, si favorables à l'œuvre, redoublent de zèle pour l'affermir ; et le pape Benoît XIII lui donne la consécration canonique en approuvant, par un mot à jamais célèbre, « Une congrégation qui a pour but de prévenir les désordres que produit, surtout parmi les pauvres et les ouvriers, l'ignorance, source de tous les maux. »

Qu'ils aillent donc, ces disciples de la Salle, qu'ils aillent, sur cette parole du Pape, instruire le pauvre peuple, cette portion si précieuse du troupeau de Jésus-Christ, que le divin Sauveur chérissait tant, et qu'à l'exemple du Sauveur ils chérissent eux-mêmes du fond de leurs entrailles. Avignon, Valence, Nantes, Cherbourg, Orléans, Bourges, Angers, Montpellier, cinquante autres villes de renom, s'honorent de les posséder, et toute la France est remplie de leurs progrès et de leurs conquêtes. C'est la foi qu'ils sèment à côté de l'ivraie que jette partout l'incrédulité triomphante ; c'est la foi qu'ils vont sauver au milieu même du XVIII° siècle.

Quand nous prononçons dans la chaire le nom de cet âge fameux, comment oublier la conspiration formée pour détruire le christianisme ? Les savants et les lettrés, les grands et les riches, et à leur tête presque tous les princes de la terre, entrèrent dans cet affreux complot. Mais le peuple demeura aux mains du prêtre ; le peuple élevé par les Frères des Ecoles chrétiennes demeura chrétien : les corrupteurs de l'esprit humain dédaignaient encore de l'empoisonner. « Ce n'est pas le manœuvre qu'il faut instruire, disait Voltaire, c'est le bourgeois. » Il disait encore avec un air de dédain et de profondeur : « Il est à propos que le peuple soit guidé, mais non qu'il soit instruit : il n'est pas digne de l'être. » Et poussant la raillerie jusqu'au délire : « Le peuple ressemble à des bœufs à qui il faut un aiguillon, un joug et du foin. » Peuple vraiment heureux d'avoir été ainsi méprisé par la philosophie incrédule, tandis que les instituteurs chrétiens lui faisaient sentir l'aiguillon de la vertu, porter le joug de l'Evangile et manger le pain de la vérité éternelle. Heureux Frères qui avez ainsi formé dans le peuple français des élèves en qui le prêtre a trouvé des sauveurs pendant la persécution révolutionnaire ! C'étaient les enfants de vos écoles qui suivaient l'Eglise errante au fond des bois, dans l'ombre de la nuit, dans les prisons et jusque sur les marches de l'échafaud. Ils étaient les acolytes de la messe proscrite par la Terreur, les guides discrets de l'exilé, les serviteurs du cachot, les témoins et comme le cortége du juste qui avait livré sa tête plutôt que sa conscience aux bourreaux de la Révolution.

La Révolution supprima les Frères en constatant leurs mérites, tant ces mérites étaient populaires. Elle disait des Ecoles chrétiennes qu'un Etat libre ne saurait souffrir aucune corporation, pas même celles qui, vouées à l'enseignement public, ont bien mérité de la patrie. Mais quand elle fut devenue aussi cruelle envers les personnes qu'elle était injuste envers les corporations, les disciples de la Salle parurent devant les persécuteurs dans tout l'éclat de leur foi, et confessèrent au prix de leur sang le nom de Jésus-Christ. Ecoutez la fière déclaration du frère Martin devant le tribunal révolutionnaire d'Avignon : « Je suis un instituteur voué à l'éducation des enfants pauvres. Si vos protestations d'attachement au peuple sont sincères, et si vos principes de fraternité ne sont pas de vaines formules, mes fonctions me justifient et réclament votre gratitude. » Ne croyez-vous pas entendre Socrate déclarer que, pour avoir enseigné la jeunesse d'Athènes, il se condamne à être nourri au Prytanée aux frais de la république? Socrate but la ciguë ; le frère Martin tomba sous la guillotine. Athènes n'avait vu que la mort d'un sage; Avignon vit celle d'un martyr. Tombez à côté du prêtre, fidèles disciples de la Salle, demeurez fidèles à l'Eglise, confessez la foi, sauvez la foi, c'est par la foi que vous mériterez bientôt de restaurer la France.

L'Institut des Ecoles chrétiennes sortit le premier, parmi les établissements catholiques, des cendres encore mal éteintes de la Révolution. Lyon, qui a le génie des entreprises vraiment religieuses, rouvre la première école ; et c'est le pape Pie VII qui bénit en passant à Lyon cet arbre à peine replanté dans la terre des bonnes œuvres. Après Lyon, je réclame pour deux villes de Franche-Comté, pour Besançon et pour Ornans, un des premiers rangs dans l'histoire de cette restauration de la patrie. Meaux, Rouen, Orléans, demandent des Frères à leur tour. L'abbé Emery les recommande, Napoléon déclare qu'il les préfère aux autres instituteurs de son empire. Plusieurs évêques se disputent les premiers noviciats. Il n'y a qu'une voix parmi les gens de bien pour saluer dans cette renaissance les mœurs publiques épurées, la foi reconquise, l'ignorance révolutionnaire efficacement combattue, la France remontant comme un astre à la tête de l'Europe, et se préparant à lui tracer encore le chemin de la lumière, du devoir et de l'honneur.

J'ai mêlé à la restauration des Frères le nom d'un conquérant qui a planté le drapeau de la France sur les portes de toutes les grandes cités. Mais que sont devenues les conquêtes du glaive? Comment toute cette gloire s'est-elle sitôt évanouie? Et quel fruit en recueillent les générations nouvelles? Regarde, ô ma patrie, regarde, parmi ces premiers souvenirs du XIXe siècle, lequel du conquérant ou du Frère des Écoles chrétiennes a travaillé le plus efficacement à ta grandeur et à ta popularité.

Jusqu'où n'iront pas les disciples de la Salle? Vienne, qui n'a pu souffrir nos aigles, se félicite de posséder le rabat et la robe de bure de nos Frères. La Belgique, où les aigles ont expiré dans les champs de Waterloo, s'est remise presque aussitôt à la suite de la France, en lui empruntant ses Frères et en copiant leurs méthodes. La Suisse, l'Angleterre, la Prusse, tous les peuples qui se piquent le plus de s'appartenir, rendent involontairement à la France le même hommage et lui payent le même tribut. L'Irlande, qui n'a jamais connu nos armes, connaîtra du moins nos écoles. Naples et Turin les ont gardées, malgré l'importun souvenir d'une domination passagère; les Frères obtiennent et conservent partout le droit de cité.

Passez les mers, entrez dans un autre continent. Ce n'est pas seulement l'Algérie qui appelle les Frères par centaines pour concourir, avec le soldat, le prêtre et le laboureur, à l'œuvre de la civilisation. Bourbon, dont le nom demeure dans la géographie comme dans l'histoire, en dépit de l'oubli dont la Révolution veut l'accabler, juge que l'apostolat des Frères peut seul assurer la prospérité de la colonie. Tunis, autre rivage vraiment français, puisqu'il a vu mourir saint Louis, a aussi son école; et on y parle la langue de Joinville et du saint roi dans le style de Louis le Grand. Cette langue, grâce aux Frères, est entendue à Madagascar, dans l'île Maurice, aux Seychelles, jusque dans les Indes Orientales. Smyrne a été pour eux comme une station d'où ils ont pu mesurer le champ promis à leurs pacifiques conquêtes. Ils enseignent aujourd'hui à Constantinople, à Alexandrie, au Caire. Juifs, musulmans, hérétiques de toutes sortes, tous les enfants viennent frapper à la porte de leurs écoles. Les Frères ouvrent, et c'est l'Église qu'on salue, c'est la France qu'on bénit. L'Eglise, comme son divin Maître, dit par la bouche des Frères : « Laissez venir à moi les petits enfants. » La France attire, gagne, conquiert par le génie de sa propagande chrétienne l'admiration de toutes les races. Reprochez-lui d'avoir moins de comptoirs que l'Angleterre, moins d'émigrés que l'Allemagne, moins de navigateurs que la Hollande. Elle vous laisse l'or, le sol, l'empire des mers; mais quelle est la mauvaise fortune qui lui ôtera l'empire des âmes? Le monde a-t-il vu deux la Salle ou deux Vincent de Paul? Où sont les peuples qui viennent disputer avec un succès marqué, sous quelque soleil lointain, à nos Frères les écoles, à nos Sœurs les malades, à nos missionnaires l'exil, la prison et le martyre?

Le nouveau monde peut être, comme l'ancien, appelé en témoignage pour décider d'où sortent les bienfaiteurs de l'humanité. Là encore, c'est la Salle qui a ouvert au Canada la première classe du pauvre; c'est dans la langue de la France et du grand siècle que l'on enseigne les petits enfants de Montréal. Citerai-je les villes qui ont formé des écoles sur le modèle des écoles du Canada? Québec, Baltimore, New-York, ont voulu les bâtir et les doter. Elles fleurissent par centaines, elles comptent des élèves par milliers; elles demeurent, à travers des espaces immenses de terre et de mer, les obligées de la France qui produit les Frères, les tributaires de l'Eglise qui les discipline et qui les conserve dans l'esprit de leur Institut, les clients du vénérable la Salle, à qui il faut rapporter tout le zèle de cette propagande merveilleuse, tout l'honneur et tous les fruits de ces fondations qui peuplent l'univers. Comme le génie de la sculpture a rendu heureusement cette belle pensée dans le monument que l'Eglise va bénir ! Qu'ils sont bien placés aux pieds du Vénérable, ces enfants, de figure si différente, qui représentent tous les peuples de la terre ! Voilà l'hommage du siècle présent, voilà l'espoir du siècle futur. Croissez, grandissez, multipliez-vous, instruisez-vous à la bonne école, jeunes peuples à qui l'avenir appartient. Puissent vos destinées couler plus pures et plus heureuses que les nôtres ! Nous nous consolons de nos disgrâces en songeant à vos triomphes. Et en contemplant cette fontaine à qui vous servez de parure, que pouvons-nous souhaiter, sinon qu'elle demeure dans sa limpidité, sa fraîcheur et son abondance, l'image toujours fidèle de votre vie et de votre bonheur ?

Mais, après ces pages empruntées à l'histoire des deux mondes, il faut lire les dernières pages de notre propre histoire et y contempler dans un éclat inattendu le nom de la Salle et l'ouvrage de ses mains. Ce n'est plus seulement le Frère qui prie, ni le Frère qui enseigne, c'est le Frère qui se mêle aux batailles et qui devient le bienfaiteur des mourants et des morts. Avec toute la foi du religieux et tout le dévoûment de l'instituteur, voici tout le courage du soldat. Au premier bruit de cette guerre qui allait mettre aux prises la France et l'Allemagne, les Frères sont prêts à donner leur vie pour la France ; et le frère Philippe, cet autre la Salle, peut en toute vérité répondre d'eux. De Besançon à Rouen et de Lille à Paris, leurs classes se transforment en casernes, leurs dortoirs en ambulances, toutes leurs maisons en autant d'asiles ouverts nuit et jour aux blessés, aux malades, aux égarés. Là, il ne leur reste plus que l'honneur d'y servir et tout au plus la permission d'y dormir debout, tant les rangs y sont pressés, tant la maladie est prompte à y remplir les vides de la mort. Le frère Philippe anime d'un bout de la France à l'autre tous ces soldats à la tâche, et tous ces soldats font leur devoir. La Lorraine, la Champagne, la Bourgogne, la Franche-Comté, la Normandie, la Bretagne, toutes les provinces envahies, leur rendent le même témoignage. Ils ont distribué pendant cinq mois, dans trois cents écoles devenues des hospices, des vivres, des vêtements, des remèdes à toute une armée malade, affamée, presque nue, réduite par le froid plutôt que par la fortune des armes aux dernières extrémités de la misère humaine. Les uns allaient de porte en porte quêter des secours; d'autres pansaient les blessures de nos soldats; d'autres les préparaient à mourir; d'autres prenaient soin de leur sépulture; tous leur donnaient, après des soins si divers, des larmes dans leur tombeau.

Mais c'est sur le champ de bataille qu'il faut voir ces héros improvisés. S'il y a eu parmi nos recrues à peine enrôlées sous le drapeau quelque défaillance ou quelque hésitation, l'histoire pardonnera beaucoup à des jeunes gens qui essuyaient pour la première fois le feu de l'ennemi, et à qui tout manquait à la fois, les chaussures, les munitions, les armes, tout, excepté la volonté de bien faire. Quant aux Frères, nous ne présentons pour eux ni excuses, ni circonstances atténuantes. Pas un n'a reculé, pas un n'a pâli, pas un n'a cédé, même un seul instant, aux émotions inattendues du premier feu. Partout où le combat s'engage, les Frères sont à leur poste. Ne leur demandez pas de se tenir à distance et de s'assurer si la balle ennemie ne peut les atteindre. Ne faut-il pas braver la balle pour relever sans délai ceux qu'elle a frappés? Ils ne marchent pas, ils volent, ils accompagnent partout aumôniers, infirmiers, chirurgiens. Si les brancards viennent à manquer, ils offrent leurs bras pour emporter les morts. Si, au mépris de la convention de Genève, et malgré le brassard qui les distingue, la fusillade éclate dans leurs rangs, leurs rangs n'en seront que plus serrés et plus fermes. Le frère Néthelme est blessé à mort dans cet héroïque emploi de brancardier; c'en est assez pour que vingt Frères réclament l'honneur de le remplir. D'autres meurent à Besançon, à Clamecy, à Vendôme. Le dernier combat est celui de Saint-Pierre-la-Cluse, aux portes de la France. C'est là que le frère Rédempteur s'emploie comme Tobie à creuser la fosse des soldats, là qu'il reposait sa tête fatiguée sur le brancard de la mort, là qu'il tombe enfin, criblé comme par l'ennemi sous les coups de la peste. « Vous marchez dans la mort, » dirait Bossuet avec un accent sublime. « Non, c'est dans la gloire, » répondrait Corneille avec un accent plus sublime encore. Il a fallu inventer des fonctions et créer un mot pour peindre ces tragiques journées et ces dévouements jusque-là inconnus ! Ce mot, l'armée le prononce avec respect, la langue l'adopte, et le voilà entré dans nos dictionnaires avec toutes les allures des mots les plus sublimes: c'est le nom de brancardier.

Nos épreuves ont beau se prolonger, rien ne lassera tant de courage, tant de persévérance, tant d'héroïsme. Après la guerre étrangère, voici la guerre civile avec toutes ses horreurs, et le second siége de Paris mille fois plus affreux que le premier. Les Frères n'ont pas reculé devant les balles de l'Allemand, ils ne reculeront pas devant les injures et les brutalités de la Commune en délire. Ils vont recueillir à Belleville et à Longchamps les blessés de l'émeute, et ils leur prodiguent tous leurs soins comme à des frères malheureux. N'importe, toujours des menaces pour leurs personnes, toujours des incendies pour leurs écoles, toujours des emprisonnements, toujours la mort; et ce qui est plus cruel que la mort, c'est de mourir des mains d'un Français. Tel est le sort du frère Justin au sortir de la prison de Mazas. Glaive du Seigneur, quand donc cesserez-vous de frapper? La France a gagné sur ses propres enfants sa douloureuse et suprême bataille; mais les maladies contractées dans les ambulances déciment les Frères comme la balle ennemie; mais les Frères ne cessent pas de se dévouer, les Frères ne cessent pas de mourir.

Qu'un tel dévouement excite l'admiration des deux mondes, je ne m'en étonne pas. La ville de Boston avait offert un prix au plus brave; ce prix, l'Académie française le décerne aux Frères des Ecoles chrétiennes, déclarant qu'il sera comme la croix d'honneur attachée au drapeau du régiment. Dirai-je qu'une autre croix fut attachée sur la robe du frère Philippe dans la grande salle de la maison de Paris transformée en ambulance? Cette croix, chacun la cite, mais personne ne l'a vue, tant le frère Philippe a pris soin de la dérober aux regards. Mais on a vu le frère Philippe à Rouen, à Paris, à Rome, tout préoccupé d'une autre gloire, tout enflammé de zèle pour la cause du Vénérable. A cette pensée, il sent sa jeunesse se renouveler comme celle de l'aigle, et il va porter aux pieds du Souverain Pontife les vœux de sa congrégation, qui sont ceux de l'univers entier. Il visite à Rouen Saint-Yon et la place Saint-Sever; il jouit par avance du monument qui s'élève aujourd'hui, et son cœur se plaint que les expressions lui manquent pour remercier dignement et le grand Cardinal qui a conçu ce dessein, et l'artiste éminent qui l'exécute, et la ville qui en a réclamé la première gloire, et les souscripteurs dont les offrandes provoquées dans toutes les langues, reçues dans tous les pays, donnent à cette œuvre un caractère si spontané, si populaire, si universel.

Sortez maintenant, sortez de ce monde, brave et généreux Philippe, vous que Pie IX interpellait si gracieusement, comme Jésus interpellait l'apôtre dont vous portez le nom, vous que l'on peut appeler le second père de l'Institut. Partez; la troupe des jeunes Frères qui sont tombés au champ d'honneur vous attend, la palme à la main, sur les collines éternelles; et avec ces palmes cueillies dans les champs du Bourget, de Patay, de Loigny, de la Cluse, ils forment au-dessus de votre tête comme un arc de triomphe pour vous introduire dans la cité de Dieu. Mais vous n'acceptez ces palmes bénies que pour les offrir vous-même au Vénérable comme à l'auteur de tant de foi, de courage et de dévouement. Mais en le contemplant dans la gloire des saints, vous demandez que l'Eglise la proclame, que tout l'Institut puisse l'invoquer bientôt, et que les deux mondes qui en sont remplis puissent dire d'une même voix: «O bienheureux la Salle, priez pour nous. »

C'était le vœu du frère Jean-Olympe, ce digne successeur du frère Philippe; et Dieu, ce semble, l'avait élevé jeune encore à la dignité de supérieur général pour lui donner bientôt cette joie filiale. Il se faisait de la fête de Rouen comme un prélude heureux des fêtes de la béatification. Mais je retrouve encore ici un mot du Pape pour peindre ses trop courtes destinées. Pie IX a dit de lui ce que l'on a dit d'Innocent IX : *Ostensus, non datus.* Dieu nous l'a montré plutôt qu'il ne nous l'a donné. O cher Frère enlevé à l'amour de votre vénérable compagnie, vous aviez souhaité de m'entendre dans cette solennité payer à votre père le tribut de nos sincères louanges. Que pouvais-je refuser aux derniers vœux d'un ami mourant? Je sens combien je suis resté au-dessous de ma tâche; mais combien je me console en pensant que je salue dans votre nom un nom cher à toute la Franche-Comté! J'accepte l'humiliation d'avoir mal rendu les vœux de nos religieuses montagnes, pourvu qu'il soit bien constaté que nos villes et nos bourgades bénissent la vie, la règle, les œuvres du vénérable la Salle, et qu'au jour de sa béatification, toute la nation comtoise, qui a donné aux Frères tant de recrues et qui lui a confié tant d'écoles, répondant aux acclamations de la nation normande, ne fera avec elle qu'un cœur et qu'une âme pour s'écrier: « O bienheureux la Salle, priez pour nous. »

En attendant que votre radieuse image monte comme un astre au firmament de l'Église, ô vénérable la Salle, montez sur le piédestal que cette cité vous élève, et laissez éclater sur l'univers entier les doux et consolants rayons d'une si pure gloire. Le sculpteur qui a fait parler le bronze sous son ciseau était digne de rendre en un si grand style votre vie, votre règle et votre ouvrage. Ce regard si tendre révèle la charité du maître; ce noble front, le génie du législateur; ce bras à demi étendu appelle, rapproche, rassemble, protége dans les deux mondes tous les enfants auxquels vous avez ouvert les écoles de la science et de la vertu. Chantez, enfants, chantez autour de ce monument cet humble qui prend place parmi les grands de la terre. Ce n'est pas seulement la science du temps que la Salle vous a donnée, c'est la science de Dieu, la science qui ne tarit jamais. Le livre qu'il vous a appris à lire se fermera, mais le livre des cieux s'ouvrira à tous vos regards. La plume qu'il vous a mise à la main sera brisée; mais vous recevrez une palme radieuse, vous compterez dans la langue des anges, vous approfondirez, en volant de sphère en sphère, le grand dessin et la profondeur incommensurable de l'espace. Buvez, buvez les eaux de la grâce à cette fontaine sacrée de l'enseignement chrétien que le vénérable la Salle a comme abaissée devant vous; un jour vous boirez, comme la Salle et comme Vincent de Paul, aux fontaines intarissables de la gloire éternelle! C'est la grâce, c'est la gloire que je souhaite, avec la bénédiction de Son Eminence.

La cérémonie de l'après-midi s'est ouverte par un cortége qui était une marche triomphale. La procession s'est formée à Saint-Sever, et est partie de l'endroit même où avait été inhumé en 1749 le vénérable serviteur de Dieu. L'enseignement qui ressort de ce rapprochement n'a échappé à personne. Là où les hommes avaient pensé creuser un tombeau, la Providence dresse une statue. En 1749, on conduisait avec des chants de deuil les funérailles de ce bon prêtre. Mercredi, les fanfares n'avaient pas assez d'accents d'allégresse, les cloches de volées joyeuses, pour saluer son glorieux souvenir !

Le cortége a été splendide : la rue Saint-Sever entièrement tendue, pavoisée et ornée d'arcs de triomphe, la foule formant une haie vivante et toute sympathique, l'armée prêtant la belle ordonnance de ses lignes à cette marche religieuse, les musiques répandant leurs harmonies triomphales, et le soleil illuminant cette belle scène de ses rayons resplendissants. En tête, les chasseurs à cheval, la musique du 24e de ligne, et les phalanges animées des enfants des écoles de Rouen, balançant leurs oriflammes aux couleurs variées ; et ici nous remercions les instituteurs laïques qui ont si bien compris le caractère fraternel de cette fête ; les députations des écoles du département et des départements voisins étaient précédées par la musique de l'établissement charitable d'Issy. La vue de ces jeunes tambours et musiciens excitait le plus vif intérêt. L'apparition de la musique de l'établissement de Saint-Nicolas, à la tête des écoles de Paris, était saluée par les sympathies de la foule. On remarquait la belle tenue et les riches insignes du pensionnat de Passy. Les enfants de ce pensionnat, étrangers à la France, portaient les drapeaux de leur nation respective. La réunion de ces drapeaux offrait un ensemble resplendissant. Chacun lisait à haute voix sur ces étendards: Italie, Brésil, États-Unis, Angleterre, Perse, Canada, Pérou, Cochinchine, Turquie, Nouvelle-Calédonie, Autriche, Siam, Chili, l'Équateur, Haïti, etc., pays où les Frères ont des établissements. Après les enfants, les jeunes gens qui doivent aux Frères le bienfait d'une instruction perfectionnée: les Écoles Normales de Beauvais et de Rouen; la Société havraise des anciens élèves des Frères, dont on connaît les belles œuvres; et, par un touchant esprit de confraternité, les délégués des institutions secondaires de Rouen, de l'institution ecclésiastique d'Écouis, et ceux du petit Séminaire de Rouen.

Les cercles catholiques d'ouvriers de Dieppe, du Havre, de Caen et de Rouen, marchaient en bel ordre sous leurs bannières avec une attitude des plus édifiantes.

Après les jeunes gens, les hommes. Il y avait là des députations de nos meilleures sociétés de secours mutuels, de braves cœurs qui ont voulu apporter à cette cérémonie leur concours spontané.

Après eux, viennent les membres des Comités des Cercles catholiques et des Conférences de Saint-Vincent de Paul, ces laïques qui occupent pour la plupart un rang distingué dans la société, et qui sont plus grands encore par leur zèle infatigable et leur dévouement à toute épreuve que par leur situation, leurs talents et leurs services.

Un étendard aux couleurs et aux armes de la famille de la Salle précède un groupe touchant composé d'enfants portant des couronnes, d'une vénérable dame et d'un beau vieillard, derniers survivants de la famille. La vue de ce groupe, par les souvenirs qu'il rappelle et par l'édification qu'il porte, produit une religieuse émotion.

L'étendard des Frères suit immédiatement celui du Vénérable. Il présente la croix et la légende de l'Institut. Cet étendard est couvert d'un crêpe, en signe du deuil que porte l'Institut de son dernier supérieur général.

Les brillantes harmonies de la musique municipale nous annoncent la dernière partie du cortége.

Le clergé s'avance gravement, présentant les files de ses lévites en blancs surplis, les prêtres, au nombre de quatre cents, les pasteurs qui ont blanchi dans l'exercice du dévouement sacerdotal, les chanoines, les dignitaires de l'Église.

Le silence dans la foule devient solennel. Les fronts s'inclinent avec respect. Voici les princes de la hiérarchie sacrée : NN. SS. les Évêques, l'amour de la France, la gloire de l'Église :

S. G. Mgr Bataille, évêque d'Amiens,

S. G. Mgr Duquesnay, enfant de Rouen, évêque de Limoges,

S. G. Mgr Grolleau, évêque d'Évreux,

S. G. Mgr Hugonin, évêque de Bayeux,

S. G. Mgr Bravard, évêque de Coutances,

S. G. Mgr Rousselet, évêque de Séez,

S. G. Mgr Gignoux, évêque de Beauvais,

S. Exc. Mgr Langénieux, archevêque de Reims, accompagné de M. l'abbé Tourneur, vicaire général, et de M. l'abbé Dumas, chanoine, chargé de représenter le Chapitre auquel appartenait jadis le Vénérable,

S. Em. Monseigneur le Cardinal-Archevêque de Rouen, accompagné de MM. Legros et Delahaye, vicaires généraux.

A la suite des Prélats, marchent les différents représentants de l'autorité qui ont voulu prendre place dans le cortége.

On arrive sur la place Saint-Sever, on se groupe autour de la statue. L'heure solennelle de la justice et de la reconnaissance va sonner.

Autour de Monseigneur le Cardinal et des Évêques, on distingue : M. le général Lebrun, commandant en chef du troisième corps d'armée, et les généraux de division et de brigade de Braüer, Merle et d'Ornant ; M. le premier président Neveu-Lemaire, MM. les présidents de chambre, conseillers, procureurs et avocats généraux de la Cour d'appel, en robe rouge ; M. Lizot, préfet de la Seine-Inférieure, son conseil de préfecture et son secrétaire général, M. de Gironde ; MM. le général Robert, Pouyer-Quertier, de Bagneux et Nétien, députés à l'Assemblée nationale ; M. de Germiny, trésorier payeur général ; M. Deltour, inspecteur de l'Académie de Paris et chef du cabinet du ministre de l'instruction publique, délégué par M. Wallon ; MM. d'Orgeval et Ernouf, sous-préfets des arrondissements de Dieppe et de Neufchâtel ; MM. d'Iquelon, de Girancourt et du Barry de Merval, conseillers généraux ; M. Matinée, proviseur du Lycée, et un grand nombre de professeurs ; MM. Malathiré, Delamare et Dieutre, adjoints ; MM. Nepveur et Michel Durand, conseillers municipaux ; les membres du Comité de souscription ; MM. Falguières, sculpteur de la statue ; Deperthes, l'architecte du monument, et M. Legrain, sculpteur.

La foule, qui a peine à trouver place dans l'enceinte trop étroite du quartier Saint-Sever, se répand sur les quais et jusqu'au cours la Reine. Quand le silence s'est établi, quand les Prélats sont assis sur l'estrade, l'inauguration proprement dite commence.

Plusieurs discours sont prononcés ; M. Letendre de Tourville, président du Comité de l'Œuvre ; M. Nétien, maire de Rouen et député à l'Assemblée nationale ; M. Lizot, préfet de la Seine-Inférieure ; M. Deltour, chef de cabinet de M. le ministre de l'instruction publique, prennent successivement la parole.

Aux voix du Comité de l'œuvre, de la municipalité de la ville, de l'administration départementale et de l'administration de l'instruction publique, Son Eminence le cardinal de Bonnechose, archevêque de Rouen, vient joindre la voix de la religion. Le silence s'établit, tous écoutent avec la plus vive attention, et les applaudissements saluent les principaux traits de cette parole apostolique et noblement éloquente. Voici le discours de Son Éminence, dont nous regrettons de ne pouvoir reproduire que le texte ; l'écriture ne peut rendre l'énergie pénétrante de ces accents, la parole ne peut dire l'impression qu'ils produisent :

Qui se humiliaverit, exaltabitur.
(S. Math. XXIII, 12.)

« Le christianisme seul peut donner le spectacle dont nous sommes témoins.

« Un homme, né dans un rang distingué, riche des dons de l'intelligence et des biens de la fortune, renonce à tout pour se faire pauvre, pour embrasser une vie de travail obscur, pour se faire petit avec les petits, pour ensevelir à jamais sa vie dans les écoles du peuple ; et voilà qu'après cent cinquante ans passés sur sa tombe, une des plus grandes cités de France élève en son honneur un de ses plus beaux monuments, dresse sa statue dans les airs, et voit se grouper autour d'elle les pontifes de l'Église, les chefs de notre vaillante armée, les représentants de la magistrature et de l'administration, les députations des pays les plus éloignés, et les flots d'une population tout entière acclamant son bienfaiteur par des chants de joie et de reconnaissance !

« D'où vient cette merveille, Messieurs ? Qu'était donc cet homme et qu'a-t-il fait ?

« De la Salle a-t-il été un de ces conquérants qui

ont fait trembler l'univers, et devant qui la terre se taisait? A-t-il légué à la postérité des chefs-d'œuvre d'art? ou, durant les jours de sa vie mortelle, a-t-il charmé ses contemporains par son éloquence et sa poésie? Non; de la Salle fuyait le bruit et l'éclat comme il fuyait la richesse et les plaisirs. Il s'est attaché à faire silencieusement le plus grand des chefs-d'œuvre, c'est-à-dire à faire des hommes. Il s'est employé tout entier à instruire et à élever des enfants, et il a choisi les plus délaissés, les plus dépourvus des moyens d'arriver à leur développement intellectuel et moral. L'instruction, l'éducation du peuple, voilà ce qu'a voulu le Vénérable de la Salle.

« Voilà ce qu'a toujours voulu et encouragé l'Église; mais ses prêtres, partagés par le ministère apostolique, n'ont pas toujours le temps de se livrer complétement à cette tâche, qui demande tant de suite et d'application. Le Vénérable de la Salle s'est affranchi de tout ce qui pouvait le distraire de cette grande mission; et il a fondé cet Institut dont les membres, entièrement libres des engagements du monde, libres aussi des devoirs du sacerdoce, consacrent leur vie entière aux soins des enfants pauvres.

« Vous savez avec quel zèle ils s'en acquittent. Vous savez quelle est leur abnégation, leur existence laborieuse, modeste et édifiante. Vous savez aussi par quelles bénédictions Dieu féconde leurs efforts. Multipliés au delà de toute espérance, ils sont dans presque toutes nos villes, et souvent dans nos campagnes, en Italie, en Allemagne, en Belgique, en Asie, en Afrique et en Amérique. Les délégués des écoles fondées en ces diverses contrées vous entourent et en font foi. Et, partout où Dieu les a répandus, on voit les familles s'empresser d'envoyer leurs enfants dans leurs établissements, dont l'enceinte est toujours trop étroite pour les recevoir.

« Mais quels que soient les succès dont Dieu couronne leurs efforts, on voit partout les Frères des Écoles chrétiennes, humbles, pauvres, retirés du monde, évitant ses applaudissements et ses joies, demeurer inviolablement fidèles aux règles et à l'esprit de leur pieux fondateur.

« Voilà pourquoi Dieu veut le glorifier aujourd'hui; et comme de la Salle est grand devant lui, il veut le montrer grand aussi devant les hommes. Voilà pourquoi le bronze reproduit aujourd'hui sa noble figure et vous la fait admirer entourée de ces enfants qu'il a tant aimés.

« Nous sommes heureux que Rouen, qui, depuis près de deux siècles, lui est si redevable, ait trouvé le moyen d'acquitter ainsi, quoique bien faiblement, sa dette.

« Que dis-je? Ce monument n'est pas exclusivement le nôtre. Si nous en avons pris l'initiative, de tous les points de la France, de toutes les parties du monde on y a concouru.

« Constantinople et Smyrne, comme Paris et Rome, comme Alger, Québec, Philadelphie et New-York, ont envoyé leurs souscriptions pour faciliter notre œuvre.

« La voilà debout maintenant sur cette même place

que la Salle traversa tant de fois pour se rendre à son cher noviciat de Saint-Yon ; tout près de cette maison qu'il habita et où il rendit tant de services aux familles de cette province, qui voudraient la voir se rouvrir à leurs enfants ; sur cette rive de la Seine, d'où il semble contempler notre cité remplie de ses écoles et appeler encore sur elle les bénédictions du ciel.

« Salut, vénérable prêtre, dont le cœur brûlait d'une charité si vive pour l'enfance, que les fidèles continuateurs de vos œuvres en sont encore embrasés !

« Salut, grand citoyen, qui avez compris que tout l'avenir de la patrie est dans l'éducation chrétienne des jeunes générations !

« La religion, l'Église et la France vous bénissent et vous glorifient.

« Puissent nos contemporains apprécier de plus en plus vos bienfaits ! Puissent les bénédictions de Dieu multiplier de plus en plus votre famille spirituelle ! Puissent les Frères des Ecoles chrétiennes, toujours dignes de leur père, recevoir bientôt la consolation la plus douce à leur piété filiale, celle de le voir placé sur nos autels pour y recevoir l'hommage et les invocations du monde catholique !

PARIS. — IMP. VICTOR GOUPY, RUE GARANCIÈRE, 5.

www.ingramcontent.com/pod-product-compliance
Lightning Source LLC
LaVergne TN
LVHW021706080426
835510LV00011B/1626